Couvertures supérieure et inférieure
manquantes

NOTRE-DAME

DU

SAINT-CORDON

NOTRE-DAME

DU

SAINT-CORDON

SOUVENIR DE L'AN 1864

PAR

L. CELLIER

VALENCIENNES

IMPRIMERIE DE LOUIS HENRY, MARCHÉ-AUX-POISSONS, 2.

1864

I

Que le lecteur ne se méprenne pas au titre de cet opuscule.

Mon intention n'est nullement de refaire l'histoire du miracle de l'an 1008 et de ses conséquences, sujet cent fois rebattu mais que les écrivains qui l'ont traité se sont bien gardés d'approfondir. Je ne veux parler que du magnifique édifice consacré au culte sous le vocable de Notre-Dame du Saint-Cordon et que la ville de Valenciennes est aujourd'hui si fière de posséder.

Quiconque s'est occupé de l'histoire des monuments a été bien souvent arrêté par l'insuffisance des documents que nous ont transmis les chroniqueurs. Une date, l'indication sommaire d'un fait, c'était assez pour les satisfaire et ils s'abstenaient d'écrire ce que tout le monde savait autour d'eux, ne supposant pas sans doute qu'on pût jamais l'oublier.

Le plus minutieux de tous, le prévôt Simon Leboucq lui-même, n'est pas exempt de reproches à ce point de vue.

A moins d'une étude préalable et approfondie de la topographie valenciennoise, il est souvent malaisé de se faire une idée juste de ce qu'il a voulu dépeindre. Ses descriptions sont souvent, je ne dirai pas inexactes, mais fort incomplètes et, tort plus grave, il montre une profonde indifférence à l'égard des artistes à qui devaient leur splendeur les édifices dont il s'occupe.

Quel service ne nous eût-il pas rendu en notant ce que la tradition devait lui avoir appris à ce sujet !

Les regrets qu'inspire l'insouciance de ces vieux historiens doivent être pour nous un enseignement. Efforçons-nous, autant qu'il est possible, d'en épargner de semblables aux archéologues de l'avenir en ne négligeant pas de consigner, même des faits vulgaires et connus de tous aujourd'hui, mais qu'il sera fort permis d'ignorer dans un siècle.

Aidons, en un mot, nos arrière-neveux à composer notre histoire.

L'esquisse qu'on va lire n'a pas d'autre but. La question est de savoir si ces humbles écrits qu'on appelle des brochures, parviendront aux générations futures et, ce fait admis, si celles-ci prendront la peine de les parcourir.

Mais ceci est leur affaire et non la nôtre.

Pour entrer en matière il est indispensable de dire un mot de l'emplacement du nouveau temple.

Le vaste terrain qu'occupent, avec l'église, la place qui lui sert de parvis et les trois rues par lesquelles on y aborde, est compris entre les rues Del Saulx, du Quesnoy et du Fossart. Il se compose des jardins réunis de trois maisons religieuses, aliénées comme toutes les autres après la suppression des ordres monastiques ; ces couvents étaient ceux des Brigittines, des Ursulines et des Augustins.

La fondation des deux derniers est postérieure à la composition de l'*Histoire ecclésiastique* de Simon Leboucq. Il ne sera donc pas superflu de tracer ici rapidement l'historique de ces communautés.

II

BRIGITTINES

Les religieuses de l'ordre de Notre-Dame-de-Charité, de l'ordre de Saint-Sauveur, plus connues sous le nom de Brigittines, obtinrent le 19 mars 1613 l'autorisation de résider à Valenciennes. Elle leur fut accordée sur les instances de l'évêque d'Arras, Herman Ottemberg, qui avait à cœur d'aider à l'accomplissement d'un vœu formé par une novice du couvent des Brigittines d'Arras. Cette religieuse, nommée Jeanne de Lo, avait légué, avant sa profession, une somme de cinq mille florins pour établir dans une autre ville une nouvelle maison du même ordre. C'est Valenciennes que l'on jugea à propos de choisir (A).

(A) Cette lettre et les suivantes renvoient à la fin de l'ouvrage.

L'installation des Brigittines en cette ville ne date toutefois que du 17 février 1618. Elles habitèrent d'abord une maison située à l'angle de la rue des Mauriennes et de celle des Glatignies, « ayant ci-devant esté appliquée à huisine de brasserie, dit l'auteur de l'*Histoire ecclésiastique*, et portant pour enseigne *la Brasserie de la Verde-Porte*. »

C'est là que de nos jours les sœurs de Saint-Joseph ont ouvert un externat.

Ce local, bien qu'on l'eut « fait approprier suivant la commodité qu'il y avait, » ne parut pas convenable aux Brigittines ; cependant leur communauté ne se composait que de six personnes dont la supérieure ou abbesse, nommée Elisabeth Cambier, née à Lille, était originaire de Valenciennes.

Désireuses de donner plus d'extension à leur établissemeut elles s'empressèrent, en 1620, de saisir l'occasion qui se présenta d'acheter l'hôtel d'Audregnies, vaste propriété dont l'entrée principale se trouvait dans la rue des Ailettes et qui avait une seconde issue dans la rue de Lille. Cet hôtel, sauf erreur, devait se trouver à la hauteur du n° 42 de la rue Saint-Jacques.

Les Brigittines ne séjournèrent là que trente ans environ et n'y eurent jamais qu'une chapelle provisoire. Postérieurement à l'époque où écrivait Simon Leboucq, leur couvent fut transféré dans un local situé entre la rue Del Saulx et celle du Fossart.

Leur chapelle, de dimension fort exiguë et sans valeur artistique, fut presque entièrement détruite par les bombes en 1793. On y avait accès par une cour fermée, débouchant sur la rue Del Saulx, en face de la rue Bracquemart (n). Cette cour est devenue l'*Impasse des Brigittines.*

Les bâtiments d'habitation s'élevaient derrière les maisons de la rue du Fossart; c'est aussi dans cette rue que s'ouvrait la grande porte d'entrée.

Le jardin n'était séparé que par une simple muraille de ceux des Ursulines et des Augustins.

III

URSULINES

Jusque vers le milieu du XVIII° siècle Valenciennes manqua de maisons spéciales d'instruction pour les filles pauvres. Leur éducation, comme celle des garçons, était confiée à des maîtres d'école. De là bien des abus auxquels le magistrat mit fin en interdisant à ces maîtres de recevoir dorénavant des jeunes filles dans leurs classes.

C'est alors que le jésuite Pierre D'Oultreman, le fils de l'historien et l'éditeur de ses travaux, engagea ses sœurs Marie et Charlotte, qui vivaient en célibat, à faire en sorte d'attirer en cette ville des religieuses Ursulines, vouées par les statuts de leur ordre à l'éducation des enfants. Elles suivirent ce conseil et, sur leur invitation, sept professes de l'ordre de sainte Ursule vinrent de Mons et de Namur se fixer à Valenciennes, avec l'autorisation du magistrat.

A leur arrivée (7 avril 1654) elles reçurent l'hospitalité dans la maison des demoiselles D'Oultreman, sise vis-à-vis du couvent des Capucins (n° 16 de la rue qui porte ce nom en 1864). Le 26 du même mois elles allèrent prendre possession d'un hôtel acheté pour elles dans la rue Cardon et qui avait appartenu à la famille de Lalaing (c).

Le jour de leur prise de possession, l'office fut célébré pontificalement par l'abbé de Saint-Jean, Jacques de la Rivière. Le Père D'Oultreman prononça à cette occasion un sermon dont, malheureusement pour sa mémoire, les *Advenues* de S. Leboucq nous ont transmis quelques idées :

« Il compara, dit cet annaliste, les autres ordres religieux de filles à de vieilles ridées ; il dit que celui-ci était en pleine vigueur et jeunesse et que si ces religieuses ne portaient pas la haire comme les autres, elles la portaient bien en enseignant des enfants qui leur donnaient des haleines puantes, pour avoir mangé des aulx, des oignons et de semblables denrées. Avec plusieurs pareils discours ne méritant pas répétition. »

Cette naïve réflexion de l'honnête prévôt montre qu'il était homme de goût, quoiqu'il ignorât les principes de l'orthographe. Quant au P. D'Oultreman, cet échantillon donne une pauvre idée de ses talents oratoires ; et cependant, comme écrivain, il a laissé des livres très-recommandables et considérablement augmenté, en l'éditant, l'*Histoire de Valenciennes* composée par son père (D).

Mais revenons au couvent des Ursulines, le plus important de ceux dont il est ici question.

Il s'élevait entre les n°° 72 et 78 de la rue du Quesnoy, c'est-à-dire à l'endroit où l'on a connu il y a quelques années l'importante raffinerie Numa Grar. La chapelle, construite avec assez d'élégance, se trouvait à l'alignement de la rue et le chœur en était contigu à la maison qui porte le n° 78. Le cloître, le réfectoire et les autres dépendances, masqués par la chapelle, ne s'apercevaient pas de la rue. Le jardin avait son entrée dans l'impasse des Ursulines (rue Del Saulx).

En 1794, après l'expulsion des Autrichiens, l'administration du district fut très-heureuse de pouvoir installer dans cette maison ses bureaux et ses magasins, car le bombardement avait ruiné l'hôtel de Vicognette où ils avaient été placés antérieurement. (Rue de l'Intendance, n°° 1, 3 et 5.)

Deux ans plus tard le couvent se vendit comme propriété nationale. Les acquéreurs ne démolirent que la chapelle et convertirent en demeures particulières le reste des bâtiments. Il en existe encore quelques parties.

Maintenant faut-il rappeler quel fut le sort des religieuses que la révolution trouva dans ce monastère ? Emigrées en 1792, les premiers succès de l'invasion les ramenèrent à Valenciennes où les surprit le brusque retour des Français.

Cette imprudence devait leur coûter cher.

Le 17 octobre 1794 cinq d'entre elles portaient leur tête à l'échafaud. C'étaient : Marie-Louise Vanot, de Valenciennes, âgée de 66 ans ; Reine Prin, de

Valenciennes, 47 ans ; Hyacinthe Bourla, de Condé, 48 ans ; Marie-Louise Ducret, de Condé, 38 ans ; N. Dejardin, de Cambrai, 35 ans.

Le 23 du même mois, trois autres subirent le même supplice : Marie-Clotilde Paillot, de Bavay, supérieure de la communauté, 55 ans ; Marie-Marguerite Leroux, de Cambrai, 48 ans ; Jeanne-Louise Barret de Sailly, 46 ans.

Une quatrième, du nom de Lussigny, reçut sa grâce sur l'échafaud au moment d'être exécutée. Elle mourut à Mons en 1852, à l'âge de 84 ans.

Une partie du couvent des Ursulines servit d'hôpital militaire pendant l'occupation étrangère, de 1815 à 1818. En 1826 on fut étonné de trouver dans une cave dépendant de cette maison un dépôt d'ossements humains ; on conjectura qu'ils provenaient de soldats anglais morts de maladie et dont les cadavres avaient servi à des études anatomiques.

Le 17 septembre 1822, des Ursulines vinrent de nouveau s'établir en cette ville et se cloîtrèrent dans le refuge de Fontenelle (n° 145 de la rue de Famars), qu'elles quittèrent plus tard pour aller habiter l'ancienne abbaye de Saint-Saulve.

IV

AUGUSTINS

En 1656 (e), année mémorable qui vit, malgré les efforts de Turenne, l'armée française mise en déroute par le prince de Condé et forcée de lever le siége de Valenciennes, l'un des capitaines espagnols , don Francisco de Menesse, qui commandait l'infanterie de la garnison, avait pour aumônier un moine Augustin. A la prière de ce religieux il sollicita et obtint pour une communauté de l'ordre des Ermites-de-Saint-Augustin l'autorisation de s'établir dans nos murs.

Le magistrat, comblé d'honneurs à raison de son héroïque conduite pendant le siége et, distinction inouïe, anobli tout entier par le roi d'Espagne, n'avait aucune raison de repousser la requête qu'on lui présentait, alors surtout qu'elle était apostillée par l'ar-

chiduc don Juan d'Autriche (F). Les échevins hési-
tèrent d'autant moins à admettre ces religieux que
l'un d'eux était le confesseur de don Juan et n'avait
pas peu contribué, disait-on, à le faire consentir à
l'octroi de lettres de noblesse pour tous les membres
de la magistrature valenciennoise.

Les Augustins, peu nombreux à leur arrivée, se
logèrent d'abord dans la rue de Mons, puis au refuge
des Dames de Fontenelle, alors inhabité. En 1657
ils achetèrent dans la rue Cardon, non loin du couvent
des Ursulines, une maison à usage d'hôtellerie, à
l'enseigne de l'*Écu de Bourgogne*. Elle était située en
face de l'auberge du *Pot d'Étain*.

Leurs frais d'établissement ne furent pas considé-
rables. Ils accommodèrent tant bien que mal les vieux
bâtiments de l'hôtellerie et improvisèrent dans ses
dépendances une chapelle des plus simples, dont les
solives restèrent même à découvert. La bénédiction
en eut lieu le 8 avril 1657 (G).

Le lendemain ils ouvrirent leurs « écoles latines
pour enseigner la jeunesse. »

Les Augustins étaient en effet un corps enseignant ; à plusieurs reprises on voit figurer dans les
comptes de la ville différentes sommes accordées,
soit pour disposer le théâtre où ils faisaient représenter par leurs élèves des drames classiques, soit pour
les prix qu'ils distribuaient.

On trouve aussi dans les registres des *Choses
communes* qu'en 1660 ils obtinrent du magistrat une
petite cloche à titre de prêt. Celle qui leur servait
auparavant appartenait à l'abbaye de Vicoigne et
avait dû être rendue sur la demande de l'abbé.

La principale porte de la chapelle du couvent s'ouvrait dans une cour grillée, rue du Grand-Fossart, entre les n°s 14 et 16. On y pouvait entrer encore par une étroite ruelle ayant issue dans la rue du Quesnoy. La grande porte d'entrée du jardin et des classes faisait face à celle de l'auberge du *Pot-d'Etain*, c'est-à-dire au n° 95 de la rue du Quesnoy; il y en avait une seconde près de la rue du Fossart.

En 1796 cette maison fut vendue et l'acquéreur y installa une manufacture de poterie de terre. Les bâtiments, d'ailleurs fort caducs, avaient été ruinés par le bombardement.

V

Que l'on essaie de se représenter ce qu'était Valenciennes alors que huit églises paroissiales, avec leurs cimetières, vingt communautés religieuses, dont neuf d'hommes, et dix chapelles particulières couvraient près de la moitié de sa superficie.

La population devait, semble-t-il, s'y trouver à l'étroit et cependant son chiffre, à part quelques fluctuations amenées par les événements politiques, ne paraît pas avoir été jamais de beaucoup inférieur à ce qu'il est aujourd'hui.

Vers le milieu du XVIIe siècle, on comptait trente mille habitants *intra muros*.

Tout cela vivait dans des maisons étroites et malsaines, en bois pour la plupart, et dont les étages supérieurs, s'avançant en saillie de chaque côté de rues fort resserrées elles-mêmes, interceptaient les rayons du soleil et s'opposaient à la libre circulation de l'air. De là les épidémies fréquentes que signalent nos chroniqueurs.

Ce n'est pas le moindre des bienfaits de la révolution que d'avoir livré à l'exploitation tant de terrains inutilement occupés et donné au peuple de l'air et de l'espace en échange d'une vingtaine d'établissements dont le siècle avait cessé de sentir le besoin.

Si nos villes ont perdu à ce remaniement leur cachet pittoresque, elles se sont assainies ; la statistique prouve surabondamment que la durée moyenne de la vie s'est augmentée depuis lors dans une notable proportion.

C'est en 1796, lorsque le calme commença à se rétablir, que l'on résolut de percer des voies de communication au travers des monastères, devenus propriétés nationales, et dont l'artillerie autrichienne avait, du reste, fait en partie des monceaux de ruines.

Les rues Watteau et Saly se coupèrent à angle droit au milieu du jardin des Chartreux ; la rue D'Oultreman fut créée et celle des Foulons prolongée sur le terrain des Dominicains ; au couvent des Récollets succédèrent les rues décorées des noms de Froissart et de Jacques de Guise et la place successivement intitulée place de la Révolution, de Joséphine sous l'Empire, d'Angoulême sous la Restauration, d'Orléans après 1830 et aujourd'hui des Récollets.

Il en fut ainsi par toute la ville ; mais on ne songea pas alors à tirer parti de la même façon du vaste triangle laissé libre par la dispersion des Brigittines, des Ursulines et des Augustins.

Si l'idée d'ouvrir là quelques rues se présenta à l'édilité valenciennoise, elle ne fut prise sérieusement en considération que vers 1839. C'est cette année que le Conseil municipal, à la grande satisfaction des habitants du quartier, décida l'ouverture d'une communication directe entre la rue Del Saulx et celle du Fossart. Une autre voie, continuant la rue de Hesques, devait être tracée perpendiculairement à la première et former avec elle, au point de jonction, une place régulière mais dont les dimensions, dans les circonstances actuelles, paraissent bien exiguës.

Le plan une fois arrêté, les travaux furent poussés activement et des habitations ne tardèrent pas à s'élever le long des nouvelles rues auxquelles il ne s'agit plus que de donner un nom. Ce fut l'objet d'une discussion assez vive au sein du Conseil.

La célèbre tragédienne Duchesnois venait de mourir; un membre proposa ce nom comme un hommage à la mémoire de la grande artiste. Cette motion, empreinte certainement du caractère d'un vrai patriotisme, trouva des partisans; mais un autre conseiller éleva des objections dont on ne saurait méconnaître la justesse.

Comment, dit-il, motiver cette préférence donnée à Duchesnois sur tant d'illustres personnages, non moins dignes qu'elle assurément de vivre dans la mémoire de leurs concitoyens ?

Puis il ajouta :

« Une nouvelle place est ouverte ; il lui faut un nom qui figure au plan de la ville, mais convient-il de lui donner le nom d'une de nos illustrations sans connaître sa destination ? La commission du budget dont j'ai eu l'honneur de faire partie, vous faisait observer à la fin de son rapport qu'il y avait indécence et honte à laisser l'église de la paroisse la plus populeuse et la plus riche dans une salle d'hospice dont même elle pouvait être dépossédée à tout instant. Elle ajoutait qu'une ville qui produit tant d'artistes célèbres devait avoir au moins un temple digne d'elle. Toutes les opinions sont d'accord sur ce point, il n'y a de dissentiment que sur l'emplacement d'une nouvelle église.

» N'est-il pas possible que plus tard, et bientôt peut-être, la nouvelle place soit reconnue comme l'emplacement le plus propre à la construction d'une église, et cette destination religieuse ne devra-t-elle pas influer sur le nom que doit recevoir cette place ? »

Les faits ont justifié les prévisions de cet honorable conseiller (M. Dupont, juge au tribunal civil).

Il était impossible que l'on ne se rendît pas à ces raisons. Le Conseil, presque à l'unanimité, se prononça contre la première proposition. Cependant, comme il fallait nécessairement prendre une décision, dans une réunion postérieure on adopta le nom des Ursulines, qui avait au moins l'avantage de préciser la situation de la place et des rues nouvelles et d'ailleurs ne compromettait rien.

La république de 1848 donna aux deux tronçons de la rue des Ursulines les noms de Liberté et d'Egalité, le prolongement de la rue des Hesques s'appela la rue de la Fraternité.

VI

L'idée émise pour la première fois au sein du
Conseil en 1839, relativement à l'édification d'une
nouvelle église sur ce terrain, ne fut pas perdue de
vue ; mais dix ans devaient s'écouler avant qu'on
songeât réellement à la réaliser.

Cependant personne ne méconnaissait l'urgence
de remplacer par un édifice convenable la laide
construction dans laquelle, à défaut d'autre local, le
clergé de la paroisse de Notre-Dame avait dû s'abri-
ter lors du rétablissement du culte, ignoble masure
qui n'était pas même la propriété de la fabrique
puisqu'elle fait partie des biens de l'Hôtel-Dieu de
Valenciennes (H).

Déjà sous la Restauration on avait agité cette
question ; mais quand on pense au style des monuments religieux que nous à légués cette époque, on
ne saurait regretter le long retard apporté à l'érection
du temple.

Parmi les projets mis en avant depuis 1839, il en était un, par exemple, d'après lequel l'église devait être élevée sur la petite place Verte ; mais ce point de la circonscription paroissiale offrait bien des inconvénients. D'ailleurs l'auteur ne paraissait pas avoir songé qu'une aussi énorme masse de maçonnerie devait inévitablement défigurer l'unique promenade que nous possédons. Il avait été parlé d'autre part de la place Saint-Géry ; mais on finit par reconnaître que la place des Ursulines était la seule qui réunît toutes les conditions désirables.

Dans le cours de l'année 1849, après bien des pourparlers et des hésitations, le conseil de fabrique constitué en commission sous la présidence de M. le doyen de Notre-Dame, décida en principe l'érection d'une église dont le portail ferait face à la rue de Hesques et isolée des habitations voisines par deux rues latérales allant aboutir à celle du Fossart.

Les formalités légales furent remplies et l'on s'occupa sans retard de rassembler les fonds nécessaires pour entreprendre le travail.

Ce n'était pas la partie la plus facile de l'entreprise car, par elle-même, la fabrique ne pouvait rien. L'idée d'ouvrir une souscription se présenta tout d'abord et fut en général accueillie favorablement par les paroissiens de Notre-Dame. Les riches s'imposèrent suivant leurs moyens ; ceux à qui une position de fortune plus modeste ne permettait pas un sacrifice immédiat, s'engagèrent à verser leur offrande par annuités. On cite un atelier dont les ouvriers souscrivirent chacun pour une somme de 25 centimes par semaine pendant six années.

Immédiatement des négociations furent ouvertes avec les propriétaires pour l'acquisition des terrains nécessaires.

Dès que la résolution prise par le conseil de fabrique fut connue, les architectes de Valenciennes et des environs se remuèrent et firent des démarches afin de sonder les intentions des commissaires. Ceux-ci manifestaient de la répugnance à livrer au hasard d'un concours leur projet d'église ; mais tant de demandes leur étaient adressées qu'embarrassés de leur choix ils prirent le parti d'inviter, par lettres personnelles et non par la voie des journaux, les architectes qui s'étaient offerts, à produire leurs projets dans un très-court délai.

Ce n'était pas un concours dans le sens absolu du mot, car la commission n'entendait se lier en aucune façon et ne présentait pas même de programme. Il n'était question ni de la somme affectée à la construction, ni du style du monument, ni du nombre de chapelles, toutes conditions indispensables ; c'est à peine si on faisait connaître l'étendue du terrain.

Néanmoins dix artistes répondirent à l'appel qui leur était fait. Le 25 mars 1852, dix projets complets furent déposés sous les yeux du comité, qui les transmit à la commission des arts et édifices religieux, dépendant du ministre de l'instruction publique et des cultes, chargée d'en apprécier le mérite.

Ce jury ne pouvait prononcer un jugement sérieux n'ayant pas de programme pour baser son opinion. Il devait inévitablement errer et il arriva en effet que le projet préféré, dû à M. Debaralle, de Cambrai, était impraticable en ce sens que l'auteur n'avait nullement tenu compte de la disposition du terrain.

Le conseil de fabrique, un moment irrésolu, prit enfin le parti de déclarer le concours non avenu et, sans tenter une nouvelle épreuve, confia le travail à un architecte qui lui avait été spécialement recommandé.

Plusieurs des artistes évincés s'émurent et firent entendre des protestations contre ce semblant de concours. Le savant archéologue Didron entretint même de cet incident les lecteurs de ses *Annales archéologiques*. Le conseil n'en maintint pas moins sa décision.

Maintenant que ces faits sont déjà loin de nous, tout en regrettant qu'un artiste valenciennois (on sait s'il nous en manque et des plus distingués) n'ait pas eu l'honneur d'attacher son nom à cette œuvre, on doit reconnaître que la commission a été heureusement inspirée en choisissant M. Grigny, d'Arras, déjà connu alors par des trayaux fort remarquables. C'est assurément l'un des architectes contemporains qui possèdent le mieux les traditions de l'art gothique (1).

Les travaux furent entrepris sans retard. Le lundi, 24 mai 1852, à six heures du matin, on commença la démolition des murailles de clôture de quelques jardins et M. Grigny planta les premiers jalons indiquant le tracé du monument. On attendit l'arrivée de M. le Préfet du Nord pour ouvrir les fondations.

Le 1er juin, M. Besson, accompagné des autorités locales, visita le terrain où l'attendaient, avec l'architecte, les membres de la commission des souscripteurs ; il exprima le désir de voir les travaux poussés activement.

La commission, il est bon de le noter, s'était engagée à abandonner à la ville le monument, mettant pour toute condition à cette cession qu'il ne pourrait jamais être affecté à un autre usage qu'à l'exercice du culte catholique.

VII

Au mois de septembre 1852 les fondations se trou-
vèrent entièrement terminées ; tout était prêt pour
la bénédiction de la première pierre. Cette imposante
cérémonie eut lieu le 13 septembre ; elle fut présidée
par Mgr Regnier, archevêque de Cambrai.

M. A. Dinaux en rendit compte le 16 du même
mois dans les termes suivants :

« La solennité de la pose et de la bénédiction de
la première pierre à l'église de Notre-Dame du Saint-
Cordon a été véritablement imposante. Toute la
population y a pris part. Le clergé des environs,
appréciant l'importance de la construction d'un temple en rapport avec la dignité du culte catholique,
dans une ville telle que Valenciennes, n'avait pas
hésité à se joindre à nos trois doyens pour donner à
cette solennité un caractère d'intérêt général religieux.

» Vers onze heures le cortége est sorti processionnellement de l'église Notre-Dame et a pris la rue de l'Hospice, celle de Famars, le rang de la Place, la rue du Quesnoy et la rue de Hesques, pour arriver à l'emplacement de la nouvelle église. Là, sur les fondations qui sortent à peine de terre, on avait dessiné, à l'aide de décorations peintes, les principales dispositions du plan. Une large arcade représentait le portail sur lequel on voyait la dédicace à Notre-Dame du Saint-Cordon et la date de 1008, année où la protection de la Vierge s'étendit sur Valenciennes.

» Les trois nefs du temple étaient indiquées par des colonnes soutenant des cartouches au chiffre de Marie ; sur l'emplacement du maître-autel futur s'élevait une croix de bois dont les branches soutenaient des couronnes de fleurs ; enfin au fond de la chapelle de la Vierge, qui doit s'ouvrir derrière le cœur et au chevet de l'église, on avait construit un grand et riche reposoir dont le rétable représentait Notre-Dame du Saint-Cordon. Des anges, de distance en distance, soutenaient une riche tresse d'argent figurant le cordon miraculeux. Les bas-côtés étaient bornés par des arbres verts qui encadraient l'ensemble de cette décoration du meilleur goût (J).

» M. Besson, Préfet du Nord, était arrivé de bonne heure à Valenciennes pour assister à la pieuse solennité du jour. Il était accompagné de M. le Président du tribunal civil, de M. le Maire par intérim et de ses adjoints, des membres du Conseil général, du conseiller d'arrondissement remplaçant par intérim les fonctions de sous-préfet et des membres du conseil de fabrique de la paroisse de Notre-Dame. Le cortége étant arrivé au pied de l'autel, M. le Pré-

fet a pris la parole et s'adressant à M⁅ʳ⁆ l'archevêque et aux assistants, il a prononcé d'une voix
ferme un discours très-remarquable qui a été vive-
ment applaudi par tous ceux qui ont pu en saisir les
paroles (x). M⁅ʳ⁆ Regnier, profondément touché de
l'allocution qu'il venait d'entendre, n'a pu s'empêcher
d'en témoigner immédiatement sa vive reconnais-
sance à M. le Préfet, puis la cérémonie religieuse a
commencé.

» C'est à gauche de la chapelle de la Vierge que
la première pierre a été posée. On avait pratiqué un
creux dans une vaste et pesante dalle et l'on y a
logé des pièces de monnaie de divers modules, au
millésime de l'année 1852, et frappées à l'effigie du
Prince-Président. Un procès-verbal de la cérémonie,
écrit sur un parchemin et signé par les autorités pré-
sentes, y a été joint et l'on a recouvert le tout d'une
plaque de cuivre portant l'inscription suivante :

Templum hoc dicatum B. M. V. sub nomine de
salutari funiculo construi incœpit 1ᵃ junii die
M. DCCC. LII,
Sub Pio Papa IX
Ludovico Napoleone præside
Francisco Regnier cameracensis ecclesiæ
archipræsule
D. D. Besson provinciæ præfecto
Mousard-Sencier vice-præfecto
Emilio Lefebvre toparchâ
Adjuvantibus cum fidelium concursu H. Pique paro-
cho, T. Delcourt, L. Delamme, P. Jaspar, L. Thel-

lier, **H. Lussigny, C. De Preux, F. Nicolle, T. Hollande,** fabricæ gubernatoribus

A. Grigny dirigente, **D. Blondeau** ædificante.

Primum lapidem benedicens die XIII[a] 7[bris] astitit

R. R. D. D. Regnier cameraci archiepiscopus.

Laporte, graveur.

TRADUCTION :

« Cette église dédiée à la bienheureuse Vierge-Marie sous le nom du *Saint-Cordon*, fut commencée le 1er juin 1852, sous le pontificat du pape Pie IX, Louis-Napoléon étant président, Mgr Régnier, premier pasteur du diocèse de Cambrai, MM. Besson, préfet du département, Mousard-Sencier, sous-préfet, Emile Lefebvre, maire ; à ce aidant avec le concours des fidèles, H. Pique, curé de la paroisse, T. Delcourt, L. Delamme, P. Jaspar, L. Thellier, H. Lussigny, C. De Preux, F. Nicolle, T. Hollande, fabriciens ; A. Grigny, architecte, D. Blondeau, entrepreneur.

» Mgr Régnier, archevêque de Cambrai, y consacra la première pierre le 13 septembre » (1).

On s'aperçut trop tard d'une singulière inadvertance du rédacteur de l'inscription. Dans cette longue énumération de noms, celui de Valenciennes est le seul que l'on ait oublié de citer.

Le procès-verbal de la cérémonie était rédigé en ces termes :

« L'an mil huit cent cinquante-deux, le treizième
» jour de septembre, sous le pontificat de Pie IX,
» Louis-Napoléon étant Président de la République

» française, Monseigneur Réné-François Régnier,
» archevêque de Cambrai, accompagné de ses vicai-
» res généraux, MM. Philippe et Vallée, arrivé à
» Valenciennes la veille pour assister à la procession
» commémorative du miracle de l'an 1008, a pro-
» cédé à la bénédiction de la première pierre du
» monument dédié à la Sainte-Vierge, honorée sous
» le titre de Notre-Dame du Saint-Cordon, en pré-
» sence de MM. Besson, préfet du département du
» Nord, Emile Lefebvre, maire de cette ville, Phi-
» lippe et Vallée, vicaires-généraux, Miot, sous-
» préfet par intérim, H. Pique, doyen-curé de
» Notre-Dame, MM. Lécuyer, président du tribunal,
» Bracq et Claisse, adjoints, Delcourt-Dubois, pré-
» sident du conseil de fabrique, Jaspar-Houton,
» Delamme-Lelièvre, L. Thellier, Lussigny-Joly,
» L. Dupont, membres de la fabrique ; Grigny,
» architecte, Blondeau, entrepreneur, et d'une foule
» innombrable de personnes de Valenciennes et des
» communes environnantes ; en foi de quoi ont
» signé :
» † R.-F., archevêque de Cambrai, Besson,
» E. Lefebvre, Philippe, Vallée, Miot, H. Pique,
» Lécuyer, Bracq, Claisse, Delcourt-Dubois, Jaspar-
» Houton, Delamme-Lelièvre, L. Thellier, Lussigny-
» Joly, L. Dupont, Grigny, Blondeau. »

VIII

Dans l'allocution prononcée par M. le Préfet du Nord, on remarqua beaucoup ce passage :

« Pour moi, Messieurs, en qui cette cérémonie
» solennelle laissera de profonds et chers souvenirs,
» je serai heureux d'entretenir le chef de l'Etat de
» vos besoins, de vos espérances. On vous avait
» promis, en 93, de vous dédommager de vos
» pertes heroïques : l'Empereur vous visita en 1810
» et vous attendîtes les effets généreux de sa bien-
» veillante protection; — les destins et la guerre y
» mirent seuls obstacles. — Maintenant, l'heure
» est venue d'espérer fortement dans le neveu,
» dans le successeur de l'Empereur, dans le conti-
» nuateur pacifique de ses vastes pensées. »

Chacun vit là en quelque sorte une promesse for-
melle de coopération; mais c'est en vain que l'on
compta sur l'assistance du gouvernement. Les demandes réitérées de subvention n'aboutirent pas et

la commission resta seule à supporter les charges de son entreprise.

La somme recueillie au moyen de souscriptions fut absorbée tout entière par l'acquisition des terrains et les ouvrages préparatoires. L'argent vint à manquer, les travaux restèrent suspendus pendant un certain temps.

Alors le comité entra en pourparlers avec l'autorité municipale pour l'amener à reprendre le projet au point où on en était arrivé, moyennant la cession absolue des terrains et des bâtisses commencées.

Une transaction sur cette base fut conclue entre les deux parties le 21 avril 1855. La ville devint ainsi propriétaire de tout ce qui était acquis et construit, à la charge de poursuivre l'exécution du plan adopté.

Les chantiers se rouvrirent immédiatement et chaque année le conseil municipal consacra une somme importante à l'achèvement de l'édifice. Cependant les constructions n'avançaient pas assez rapidement au gré des paroissiens, on pourrait dire de la ville entière. Un moment vint où il fut possible d'en activer les progrès.

Pour faire face aux dernières dépenses et entreprendre divers autres travaux d'une non moindre importance, l'administration municipale se fit autoriser en 1861, à contracter un emprunt de deux millions de francs dont six cent mille étaient applicables à l'église.

Cette opération financière fut l'objet de sérieuses critiques, c'est à l'avenir qu'il appartient de la condamner ou de l'approuver ; mais, grâce à ces nouvelles ressources, de 1861 à 1864, l'édifice fut entièrement terminé, à la réserve de la tour, arrivée seulement aujourd'hui à la moitié de la hauteur qu'elle doit avoir et qui sera de 83 mètres.

IX

Le style de Notre-Dame du Saint-Cordon est le gothique complet du XIIIe siècle, celui que certains archéologues appellent style mystique. Sous le rapport de la pureté, de l'harmonie des lignes, l'œuvre de M. Grigny est à l'abri de toute critique ; on a entendu des hommes compétents, des étrangers, exempts par conséquent de tout préjugé de clocher, la préférer comme conception, et toute proportion gardée, à Sainte-Clotilde de Paris.

Ce bel édifice, en un mot, est digne de la renommée artistique de Valenciennes.

Il n'a pas les dimensions colossales de certains monuments religieux ; mais notre ville n'est nullement en position de se donner une cathédrale. Le nouveau temple d'ailleurs est plus que suffisant pour les besoins de la paroisse et pour les cérémonies publiques auxquelles il doit être affecté, *Te Deum*, offices solennels, etc.

Intérieurement, du seuil à l'extrémité de la chapelle terminale, on compte de longueur 68 mètres 30, sur lesquels 16 mètres sont occupés par le chœur.

La largeur des trois nefs est de 20 mètres 20.

Le transept mesure 32 mètres 20.

La hauteur de la voûte est de 25 mètres dans la grande nef, de 26 mètres 80 au transept.

Ces dimensions sont supérieures à celles de nos autres églises paroissiales, car, au témoignage de M. Desfontaines de Preux, dans son *Précis sur Valenciennes,* l'église de Saint-Géry n'a de longueur que 60 mètres 50, dont 27 pour le chœur, sur 20 mètres de largeur.

L'ancienne Notre-Dame mesure 11 mètres sur 60.

A Saint-Nicolas on compte 30 mètres sur 23.

La voûte de la grande nef est soutenue par douze forts piliers, cantonnés chacun de quatre colonnes. Au-dessus des arcades est figurée une galerie formée d'ogives accouplées qui se triplent dans le chœur par une disposition originale et fort élégante.

Quelques personnes ont paru regretter que cette galerie ne soit que simulée au lieu d'exister réellement sous les combles des bas-côtés. On aurait pu, disent-elles, y loger beaucoup de monde les jours de grandes solennités.

L'utilité de cette adjonction ne paraît pas incontestable. L'édifice n'y eut rien gagné et la dépense s'en fût trouvée augmentée sans profit appréciable.

Le chœur se dessine en forme pentagonale à son extrémité ; il est séparé de la galerie collatérale par une clôture en pierre du meilleur goût.

Le maître-autel, en marbre blanc, ouvrage capital, a pour auteur M. Boucher, d'Arras. Dans le soubassement se voit un superbe groupe en pierre dure, représentant l'ensevelissement du Christ, dû au ciseau de M. R. Fache, professeur de sculpture à l'académie de Valenciennes. Cette belle composition n'est pas moins remarquable par le caractère mystique des figures que par la science de l'exécution.

M. Fache a aussi sculpté les quatre jolies figurines en marbre qui décorent la partie supérieure de l'autel : deux anges armés d'encensoirs et deux séraphins aux ailes repliées.

Les stalles, en bois de chêne sculpté, sortent des ateliers de M. Buisine, de Lille, qui a été chargé également de construire les confessionnaux.

Le carrelage, en marbre blanc et noir, exécuté par M. Lancelot sur les dessins de M. Boulanger-Lemaire, mérite une mention spéciale.

L'idée de l'architecte a été de représenter les armes de Valenciennes à diverses époques et les sceaux qui lui sont propres. Les armoiries, qui de tout temps ont été de gueules au lion d'or armé et lampassé d'azur, sont figurées sur quatre grandes dalles placées aux angles du pavé.

La première offre l'écusson primitif, sans supports et surmonté de la couronne comtale.

La deuxième nous reporte aux dernières années du XV° siècle ; l'écusson, toujours sans supports, est inclus dans un cartouche contourné suivant le goût du temps.

La troisième montre les cygnes que le XVI° siècle ajouta comme supports aux armoiries.

Enfin, sur la quatrième, on voit les armes en usage actuellement, lesquelles ne diffèrent des pré-

cédentes que par le style du dessin. Elles sont surmontées de la couronne ducale à feuilles d'ache.

Au centre du pavé est reproduit fidèlement, moins
la légende *Sigillum castri de Valencenis*, le grand
scel de la ville, figurant un châtel dont les tours sont
surmontées d'une bannière sur laquelle apparaît
pour la première fois le lion valenciennois. On trouve
ce sceau appendu à des actes du XII° siècle.

Quatre carreaux plus petits, placés sur la bordure,
rappellent le scel aux causes, postérieur à l'autre par
la date, composé d'un lion accosté de deux fleurs de
lys.

A l'entour du chœur se trouvent cinq chapelles.

La première que l'on rencontre au côté gauche,
celle du Saint-Sacrement, est inachevée.

La deuxième, également incomplète, est dédiée à
saint Vincent-de-Paul.

Dans la chapelle terminale, spécialement consacrée à Notre-Dame du Saint-Cordon, nous voyons un
autel en marbre blanc, d'un style assez pur, mais
un peu lourd de conception. M. Durieux, de Reims,
en est l'auteur. Le magnifique carrelage blanc et
noir de ce sanctuaire a été fourni par M. Baudson,
de Valenciennes, de même que celui de la chapelle
du Saint-Sacrement, en marbre rose et blanc.

La chapelle de saint Gilles (m) qui vient ensuite
renferme l'orgue d'harmonie en attendant que les
grandes orgues soient placées au-dessus du portail.

La cinquième et dernière chapelle est celle des
Morts ; elle a pour ornement un autel en marbre
blanc et noir, de forme très-originale, et bien supé-

rieur à celui de la Vierge, sorti cependant du même
atelier, celui de M. Durieux, de Reims.

La sacristie, placée à gauche du chœur entre la
première chapelle et la deuxième, est fort petite ; on
se propose d'en élever une seconde pour le service
des sacristains au côté opposé de l'église.

X

L'ensemble des vitraux est un des plus complets que nous connaissions ; il fait grand honneur à M. Levêque, de Beauvais, l'un de ces habiles verriers que notre époque peut mettre en parallèle avec ceux dont le Moyen-Age nous a légué les œuvres comme des modèles inimitables

A l'exception de celles de quatre chapelles particulières, toutes les compositions se rapportent au même thème, la glorification de la patronne de l'église.

Les peintures de la grande nef symbolisent la Vierge dans l'antiquité.

Les verrières de cette première partie se composent presque exclusivement de mosaïques d'un dessin très-pur et du coloris le plus harmonieux. Les sujets sont contenus dans les rosaces à quatre lobes qui se trouvent à la pointe des baies ogivales éclairant les bas-côtés.

En entrant on voit, à droite, la Vierge figurée

dans les femmes illustres de la nation juive : 1° Eve, la première mère ; 2° Sara ; 3° Rachel ; 4° Debora, la prophétesse ; 5° Judith ; 6° Esther.

A gauche, Marie honorée dans le paganisme par les honneurs rendus à la virginité : 1° Un prêtre des anciens Ethiopiens ; 2° l'Hierophante des Grecs ; 3° la jeune vierge que les Grecs immolaient dans les grandes calamités ; 4° un druide ; 5° une vestale ; 6° la sibylle de Cumes.

Les deux immenses baies du transept, dont le motif architectural est si riche et le dessin si correct, sont consacrées aux louanges de la Sainte-Vierge ; les huit personnages inscrits dans les compartiments du bas, à gauche, rappellent les prophéties qui ont annoncé sa venue au monde. Ce sont : 1° l'ange du paradis terrestre ; 2° Abraham ; 3° Jacob ; 4° Moïse ; 5° David ; 6° Salomon ; 7° Isaïe ; 8° Jérémie.

A droite sont représentés quelques-uns des plus illustres docteurs de l'Eglise : 1° saint Jean l'Evangéliste ; 2° saint Cyrille ; 3° saint Jérôme ; 4° saint Ephrem ; 5° saint Augustin ; 6° saint Grégoire-le-Grand ; 7° saint Bernard ; 8° saint Bonaventure.

La chapelle de la Vierge comprend cinq fenêtres géminées, comportant chacune dix sujets. Dans les deux premières, à gauche du spectateur, est figurée la vie de la Sainte-Vierge avant et après sa maternité. Les deux dernières, à droite, représentent la Sainte-Vierge dans l'œuvre de la rédemption et sa glorification.

Dans la fenêtre du fond nous voyons la légende de Notre-Dame du Saint-Cordon. Les dix sujets se présentent dans l'ordre suivant en allant de bas en haut et de droite à gauche :

1° La peste à Valenciennes ;

2° La prière de l'ermite dans la forêt ;

3° Prédication de l'ermite ;

4° Nuit du 8 septembre de l'an 1008 : un ange déroule autour des murailles de la ville le fil protecteur que la Vierge laisse tomber de ses mains ;

5° On recueille le saint Cordon ;

6° Translation du saint Cordon ;

7° Formation de la confrérie des Royés ;

8° La cour de la Vierge, c'est-à-dire la réunion de toutes les reliques de la contrée auprès de la châsse du saint Cordon, la veille de la procession ;

9° La procession ;

10° Consécration de l'église actuelle.

Les verrières de la partie supérieure de l'église, dans le chœur, montrent la Vierge Marie, reine de tous les saints. Elle est entourée des anges Michel et Gabriel, des saints Jean-Baptiste, Joseph, Pierre, Paul, Etienne, Laurent, Léon pape, Louis roi, des saintes Cécile et Agnès et des prophètes Daniel et Ezechiel.

La chapelle du Saint-Sacrement, qui se présente la première à gauche du chœur, n'a qu'une fenêtre géminée ; elle contient les sujets suivants : la manne du désert ; la cène ; les pains de proposition ; la salle du festin royal ; l'autel des parfums ; l'expulsion du convive irrespectueux ; le prophète Elie recevant de l'ange un pain ; le viatique ; le bon pasteur et la messe.

La chapelle suivante est celle de saint Vincent-de-

Paul dans laquelle trois fenêtres géminées offrent, en trente sujets, la vie réelle, la vie miséricordieuse, et la vie posthume du patron.

Au côté droit du chœur on rencontre d'abord la chapelle des trépassés avec trois fenêtres dont la première est consacrée à l'expiation par les souffrances de l'Homme-Dieu ; la deuxième à l'expiation par les souffrances humaines ; la troisième à l'expiation par les bonnes œuvres.

Vient en dernier lieu la chapelle de saint Gilles, patron de Valenciennes, dont la légende est traduite en trente tableaux.

Première fenêtre :

1° Saint Gilles naît en Grèce de race royale ;

2° Il est instruit dans les saintes lettres ;

3° Se rendant à l'Eglise il guérit un malade en le couvrant de son manteau ;

4° Mort des parents de saint Gilles ;

5° Il guérit un homme mordu par un serpent ;

6° Il guérit un démoniaque ;

7° Il prêche devant l'aréopage ;

8° Il apaise une tempête ;

9° Il s'embarque pour Arles ;

10° Il habite avec un saint Ermite.

Deuxième fenêtre :

1° Saint Gilles guérit un fiévreux ;

2° Miracle des récoltes ;

3° Il vit en solitaire au delà du Rhône ;

4° Dieu lui envoie une biche ;

5° Il est blessé dans une chasse du roi de France.

Ce cinquième sujet, traité par un excellent peintre flamand, se voyait autrefois au maître-autel de la chapelle de saint Pierre, à l'hôtel-de-ville, où se conservaient aussi de magnifiques tapisseries représentant les actes de la vie de saint Gilles. Elles sont perdues sans doute, mais le tableau orne aujourd'hui l'un des autels de l'église d'Onnaing.

6° Le roi et l'évêque se rendent à pied auprès de lui ;

7° Il fait bâtir un monastère ;

8° Il le consacre ;

9° Un ange lui apparaît et met sur l'autel un écrit de Dieu ;

10° prophétie de la destruction du monastère.

Troisième fenêtre :

1° Présentation au roi du divin écrit ;

2° Saint Gilles ressuscite le fils d'un prince en passant à Nîmes ;

3° Il fait jeter les portes de cyprès dans le Tibre ;

4° Il va en procession chercher les portes ;

5° Il les place au monastère ;

6° . . . . ;

7° Mort de saint Gilles ;

8° Ses funérailles ;

9° Miracle à son tombeau ;

10° Saint Gilles devant le Père éternel.

Tel est, aussi succinct que possible, le catalogue de l'œuvre de M. Levêque.

XI

Quelques mots avant de terminer.

Ce n'est pas assez que de rendre justice aux talents de M. Grigny, dont cette admirable église suffirait à faire vivre le nom quand bien même d'autres travaux n'auraient pas établi sa réputation sur de solides fondements (1) ; il faut aussi faire sa part à l'expérience de M. D. Blondeau, l'habile constructeur, et on serait blâmable de ne pas citer deux hommes qui les ont puissamment aidés l'un et l'autre dans l'accomplissement de leur tâche.

L'un est M. Boulanger-Lemaire, sculpteur, à qui est échue la partie ornementale de l'intérieur du monument, depuis les chapiteaux des piliers jusqu'aux bancs de communion du chœur et de l'autel de la Vierge. Les hommes de l'art ont su apprécier le mérite de son ciseau.

L'autre, M. Prévôt, a été chargé de l'appareillage des pierres de taille de tout l'édifice. Un seul exemple fera juger du soin apporté par lui à ce travail important et de la précision de ses mesures. L'immense voûte de la grande nef et celle du transept n'ont pas subi un tassement d'un centimètre après l'opération du décintrement.

NOTES

A

BRIGITTINÆ VALENCENENSES.

Initium habuit hæc domus ex legato quinque millium florenorum, scripto ante suam professionem a novitiâ quâdam nomine Johanna de Lo, in atrebatensi ejusdem ordinis parthenone, pro alterâ domo ejusdem ordinis alibi instituendâ. Tum vero placuit urbem Valencenas eligere ; quod consilium magistratûs approbavit 19 martii an 1613. Non nisi tamen ante 1618 17 febr. urbem ingressæ sunt sex moniales, cum sorore laicâ, ex quo die conductam domum simul incoluerunt usque ad ultimum diem anni 1620; tunc enim, coempto refugio d'Audregnies, in idipsum commigrârunt, ubi et modo resident, haud longe a S. Jacobi ecclesiâ. Prima novello cœtui abbatissa præfuit Elisabeth Cambier insulensis, quâ non diu post defunctâ, in ejus locum electa et solemni ritu benedicta fuit Barbara Lestocquart superstes anno 1650.

Gallia Christiana.

B

On nous a conservé l'inscription suivante qui se lisait, gravée sur une plaque de bronze, à l'entrée de la chapelle des Brigittines :

« L'an 1620, en ce monastère de Notre-Dame-de-Charité,
» de l'ordre de Saint-Sauveur, dit des Brigittines, une personne
» charitable a fait une fondation d'une prébende pour y recevoir
» une fille sage et honnête, en religieuse de chœur, succes-
» sivement et après le trépas de la première et précédente, et
» ce pour toujours ; icelle native de la ville de Valenciennes ou
» des faubourgs.

» le 20 mai. »

C

La première religieuse qu'elles reçurent fut la fille de Jacques de Franqueville, de Cambrai, et de N. Joquet, de Valenciennes. Elle porta une dot de 10,000 florins. (Simon Leboucq.)

On peut croire que ce Jacques de Franqueville était un parent, sinon un frère du sculpteur cambrésien de ce nom.

D

Le P. Pierre d'Oultreman, de la compagnie de Jésus, est né à Valenciennes en 1591, c'était le plus jeune des quatre fils de Henri. Outre l'*Histoire de Valenciennes*, dont il peut revendiquer une bonne moitié, il a composé une *Vie de Pierre l'Ermite* ; l'histoire détaillée du miracle et de la procession du Saint-Cordon, sous le titre de *Cour sainte de la Vierge Marie* ; *Constantinopolis Belgica*, histoire de la conquête de Constantinople et des règnes des Empereurs Bauduin et Henri, etc., etc. Il mourut le 23 avril 1657. Son épitaphe est conservée dans l'église de St-Nicolas.

E

On peut citer comme l'un des plus beaux faits d'armes du prince de Condé la défaite de l'armée française devant Valenciennes, le 16 juillet 1656, après un siége d'un mois, pendant lequel les maréchaux de Turenne et de La Ferté essayèrent de se rendre maîtres de la place, défendue en grande partie par les compagnies bourgeoises.

Une histoire de ce siége a été écrite par Jacques de Rantre, avocat, membre du conseil particulier de la ville, et imprimée par J. Boucher, 1656. On en connaît aussi plusieurs relations manuscrites. Un autre écrivain valenciennois, M. Debavay, a résumé comme il suit les péripéties de la lutte dans le *Journal du Hainaut et du Cambrésis :*

« Le grand Condé et Don Juan d'Autriche étant accourus pour faire lever le siége de Valenciennes, le duc de Bournonville, gouverneur de la place, fit lâcher les écluses et la digue qui formait la communication entre les quartiers des deux généraux français fut renversée. Le maréchal de La Ferté ne pouvant plus être secouru fut attaqué et forcé dans ses lignes par l'armée espagnole, par la garnison et par la bourgeoisie. Ce général et 4,000 hommes de son armée furent faits prisonniers. Le roi d'Espagne récompensa la fidélité du Magistrat de cette ville par des lettres de noblesse et le général des Capucins, ainsi que celui des Augustins, envoyèrent au même Magistrat des lettres d'affiliation à leur ordre, ce qui était alors un grand honneur. Ceux des bourgeois qui s'étaient le plus distingués dans cette action obtinrent gratuitement des maîtrises dans les corps de métiers et l'on fit peindre dans l'Hôtel-de-Ville, par Van der Meulen, un tableau qui s'y conserve encore, représentant la levée du siége.

» Turenne en se retirant sauva les débris de l'armée, fit face partout à l'ennemi et alla camper sous Le Quesnoy. Il dit dans ses mémoires qu'il avait fait savoir au maréchal de La Ferté qu'on devait l'attaquer, mais que le maréchal méprisa cet avis. Il ajoute que la garnison de Valenciennes n'était composée que de 2,000 hommes et 600 chevaux ; mais que les bourgeois étaient en état de mettre 10,000 hommes sur pied, ce qui suppose une population quatre fois plus considérable que ne l'est aujourd'hui (1788) celle de cette ville. »

Don Fran isco de Menesse, mestre de camp, commandait à Valenciennes sous les ordres du duc de Bournonville. Le président Hénault raconte dans son *Histoire de France* que le maréchal de Grammont fut bien étonné, lorsqu'il alla à Madrid faire la demande de l'Infante, de voir que cet homme de guerre qu'il y trouva ne fût pas plus connu de l'Amirauté de Castille, qui n'avait jamais même ouï parler de la levée du siége de Valenciennes.

Quant à l'anoblissement de la magistrature, dont il vient d'être parlé, il faut lire ce qu'en dit S. Leboucq dans ses *Advenues* (n° 540 des M. S. de Valenciennes), précieux journal où il se montre réellement original et où se peint la tournure narquoise, parfois même sarcastique, de son esprit.

« Puisque nous sommes sur cette matière, dit-il, avec protestation de n'offenser personne, je vous déclarerai ici avec vérité la qualité de toute cette nouvelle noblesse.

» Premièrement, Sire François DE DIXMUDE, prévôt, était fils de Josse Dixmude, ainsi s'appelait-il sans *de* devant son surnom, comme témoignent milliaces de ses signatures que l'on trouve à Valenciennes, et ne se trouvera que jamais icelui, en tous actes qu'il a passés comme mayeur de ladite ville, se soit jamais intitulé écuyer comme fait son fils ; mais est toujours appelé en tous devoirs de loi en qualité de mayeur, qu'il était honorable homme Josse Dixmude, etc. Aussi icelui avait été serviteur et valet de chambre à feu Monsʳ Richardot, qui fut président du conseil d'Etat et privé de S. M., lequel pourvut icelui Josse de l'état de mairie de cette ville, avec quoi il fit sa fortune et éleva ses enfants honorablement.

» François MICHEL, lieutenant, vivait de ses revenus et était fils de feu Jacques, qui fut marchand de toilettes.

» Martin BRETEL, vivait de même de ses revenus, était fils de Toussaint qui fut échevin de cette ville.

» Jean BOULIT, sʳ de Surhon, vivait de même, était fils de Nicolas. Icelui fut malade durant le siége.

» Me Jean LELIÈVRE, fils de N., qui fut sergent de la forêt de Mormal et lui valet à Philippe de Beaumont, receveur général de Hainant au Quesnoy, et à présent greffier du village de Hasnon.

» Antoine HARDY, avocat, fils de Nicolas qui fut fils de Philippe, lesquels Nicolas et Philippe et le père dudit Philippe furent tous tondeurs de grand'forces et ai vu icelui Nicolas et Philippe travailler dudit stil.

» Nicolas DESCHAMPS, vivant de ses revenus, était fils de N., qui fut facteur de toilettes et sayeterie.

» Philippe-François DE RANS, fils de Jacques, premier conseiller de cette ville, aussi avocat, comme avait été son père avant le consulat.

» Jacques DE BONNIÈRE, marchand de bois, fils de François qui fut marchand de lin et d'étoupes, tenait boutique ouverte de ces denrées en la rue Tournisienne, appelé ordinairement François au Lin.

» Philippe MALAPERT, filatier, fils de Jacques qui fut échevin de cette ville.

» Lamoral DE RANTRE, fils de Philippe, capitaine bourgeois de cette ville.

» Aimerie-François D'ESPIENNES, s^r de Saint-Remy, vivant en gentilhomme comme avait fait son père, appelé François, s^r de la Porquerie.

» Arnould D'HUEZ, fils de N., qui fut marchant de chérial, comme a aussi été ledit Arnould, auparavant qu'il eut épousé la veuve Pierre Guilbaut.

» Jacques DE RANS, premier pensionnaire de cette ville, lequel ne fut hors du lit et de sa maison durant le siége, ayant eu continuellement la goutte ; cependant ne laissa d'avoir le bénéfice aussi bien que les autres. Icelui était fils de Jean de Rans, avocat wallon, lequel avait épousé la fille Jean Huaine, teinturier.

» Charles-Gabriel TORDREAU, d'avocat fut fait second pensionnaire de cette ville, était fils de Pierre, qui fut premier pensionnaire d'icelle, et icelui était fils de N., qui fut clerc vulgairement appelé Ganymède. Il avait un oncle, frère de son père, qui fut fourier des bigornieux et clerc de la porte Notre-

Dame. Cet oncle s'appelait Charles, frère de M. Pierre Tordreau.

» M° Nicolas PAMART, de Douai, d'avocat fut fait greffier civil de cette ville. Cestui-ci fut omis d'être dénommé en la liste qu'on donna à S. A., de façon qu'il lui convint présenter nouvelle requête pour être joint aux autres, laquelle fut renvoyée au Magistrat, pour avoir leur avis qu'ils donnèrent favorable le 10 d'août ensuivant. Icelui Nicolas était fils de...

» M° Michel DESPRETZ, greffier criminel, auparavant avocat, fils de feu M° Henri, qui fut aussi avocat et échevin de cette ville. Son oncle, frère audit Henri, appelé Philippe, fut clerc de la porte Montoise et enseignant les enfants à l'école dominicale.

» M° Jacques DESPRETZ, greffier des Werps, fut aussi omis en la liste et ne poursuivit pas pour y être replacé, disant n'avoir cette ambition en tête, puisque son père avait été cordonnier, etc.

» Voilà ce que c'était que notre nouvelle noblesse ; mais ce ne fut assez.

» Le Duc de Bournonville, *aliàs* Comte de Hennin, ayant mémoire du bénéfice qu'il recevait des massards au moyen de dons que la ville lui faisait, obtint aussi de sadite Altesse le même degré de noblesse pour lesdits trois massards, à savoir :

» Maximilien DE SARS, massard, fils de Jean qui fut bailli de Saultain, receveur de Quarouble et échevin de cette ville.

» Florent HAUGOUBART, second massard, vivait aussi de ses advenues, fils de David, qui fut échevin et massard de cette ville.

» Icelui Florent mourut le 3 novembre dudit an.

» Jean-Antoine DURSENS, vivant aussi de ses advenues, receveur des impôts nouveaux, fils d'Antoine qui fut aussi échevin de cette ville.

» Le 14 novembre 1656, lesdits massards reçurent nouvelle que le Roi leur avait accordé le degré de noblesse, pourvu payer seulement les lettres, scel et autres menus frais, portant ensemble à chacun d'iceux la somme de 350 florins environ, sans les enregistrements de par decà.

» Sur cette libéralité, d'accord plusieurs du conseil particulier et autres présentèrent aussi requête à son Altesse remontrant leurs devoirs rendus durant le siége, requérant en suite de ce lettres d'anoblissement ; mais on coupa broche et fut dit qu'aux occasions on aurait mémoire d'eux. »

Telles étaient les médisances dont s'amusait alors la belle société, la vraie noblesse de la ville. L'auteur des *Advenues* s'en est fait d'autant plus volontiers l'écho que, sorti de charge l'anpée précédente, il se dépitait de n'avoir aucun droit à la faveur royale.

F

« Le 3 août 1656, au conseil particulier, furent lues lettres de Son Alteze, en date du 26 juliet, escriptes au camp à Quievrain, advertissant par icelle que le R. P. Provincial des Augustins lui avait présenté la requeste qu'il nous envoioit jointement la dicte lettre, par laquelle requeste il requéroit de pouvoir ériger en cette ville ung monastère dudit ordre, à l'honneur de Nostre-Dame de Bon-Secours et de Saint-Nicolas de Tolentin, lesquels Sadicte Alteze disoit par la lettre avoir invoqué pour nostre délivrance et qu'elle croioit que cela y avoit grandement opéré, partant ordonnoit d'avoir sur ce nostre advis.

» Aiant entendu que ce coup ne povoit estre destourné et que Sadicte Alteze l'avoit fort à cœur, nonobstant la charge qu'en recepvoit ceste ville au lieu d'estre soulagée, on ordonna de faire une rescription à Sadicte Alteze, lui remonstrant la charge extraordinaire que ceste povre ville avoit de tant d'ordres de mendians et d'autres religieux, en comparaison de la petitesse de la ville, et autres raisons militant à nostre avantage. Néantmoins, que pour satisfaire au désir de Sadicte Alteze, qu'on se remectoit à tout ce qu'elle en ordonneroit. » (*Advenues.*)

» Ils furent icy receus sans aucune suggestion, supportés suivant leur dire mesme par le Magistrat, a raison que l'un de leurs pères estant confesseur de S. A. Don Juan d'Austrice, avoit grandement assisté pour obtenir l'anoblissement cy-devant reprins, combien que jusques à ce jour la confirmation et agréation d'iceluy, que debvoit faire S. M. n'estoit encore venu. » (*Idem.*)

G

« Le 8 avril, jour de Pasques closes, dict ordinairement Quasimodo, les R. P. Augustins aians faict accommoder une place à l'entrée de leur maison, à main gauche, pour s'en servir de chapelle attendant qu'ils auront la commodité pour bastir une église, y feirent le susdict jour célébrer la première messe qui fut chantée par Dom Jacques de Billemont, abbé de Saint-Saulve, patron du district. A l'offertoire le P. Lefebvre, natif de ceste ville, premier prieur de ce nouveau couvent, y feit la prédication. Messieurs du Magistrat assistèrent en corps à ces offices, faisans présent des vins honnoraires auxdicts RR. Pères.

» Le mardi, 10 du susdict mois, lesdicts R. R. Pères Augustins ouvrirent les escolles latines pour y enseigner la jeunesse. »

(Advenues.)

H

Comme complément à cet opuscule, il sera utile de placer ici quelques notes concernant les divers sanctuaires où la Vierge du Saint-Cordon a été successivement honorée, et en premier lieu Notre-Dame-la-Grande.

Il faut pour cela reprendre les faits d'un peu loin.

A la suite d'une famine qui, suivant le chroniqueur Sigebert, s'étendit en 1006 « par tout le monde » , survint une peste dont la ville de Valenciennes éprouva plus que toute autre les épouvantables effets. Elle « régna si furieusement » l'an 1008, dit un historien, que l'on pouvait plus aisément tenir le compte des vivants que des morts.

Un miracle en marqua le terme.

A cette époque vivait dans le bois de Fontenelle un ermite, nommé Bertholin. L'un des premiers jours du mois de septembre, la Sainte-Vierge apparut à ce reclus au moment où il implorait son intercession en faveur des malheureux Valenciennois et lui donna l'assurance que la fin de la contagion approchait. Il reçut en même temps l'ordre d'inviter les habitants à se tenir en oraison le 7 septembre, veille de la Nativité.

Il accomplit sa mission. Quand vint la nuit, le peuple rassemblé sur les remparts de la ville vit, au-dessus d'une chapelle bâtie par Charlemagne en 771, apparaître au milieu d'un groupe d'anges resplendissants de lumière, sa divine protectrice dont la main laissait pendre un immense cordon rouge. Un ange en tenait l'extrémité ; il le disposa comme une ceinture autour de la ville, puis la vision disparut.

Dans l'enceinte marquée par ce cordon, le fléau cessa aussitôt de sévir et les malades recouvrèrent la santé.

Une procession annuelle d'actions de grâce fut dès ce jour instituée et le fil miraculeux, recueilli avec respect, fut enfermé dans une riche châsse et confié aux soins d'une confrérie composée de 26 membres qui se recrutèrent indifféremment parmi les gentilshommes et les bourgeois.

On les appela les Royés, à cause de l'habit qu'ils portaient en cérémonie, sur lequel des raies de couleur claire rappelaient le souvenir du Saint-Cordon.

Telle est la tradition rapportée par nos chroniqueurs ; il faut bien avouer en passant qu'aucun monument écrit, antérieur au XVe siècle, n'en fait la moindre mention.

« Je suis dans cette opinion, dit D'Oultreman, que l'église de Notre-Dame-la-Grande fut bâtie à l'honneur de la glorieuse mère de Dieu, en considération du bénéfice signalé que la ville avait reçu d'elle l'an 1008, alors qu'elle fut miraculeusement délivrée de la peste et qu'elle reçut de la main des anges le filet dont ladite Vierge l'entoura et ceignit pour symbole et gage de sa protection. »

C'est en effet un point sur lequel s'accordent tous les historiens. Cette église, qui devait remplacer la chapelle de Charlemagne sanctifiée par le miracle du 8 septembre, fut commencée par les Valenciennois ; mais ils ne purent la terminer. Le comte Bauduin II, d'accord avec sa mère Richilde, fit reprendre les travaux l'an 1085 et voulut faire de ce temple le plus magnifique édifice de la contrée, puisque Valenciennes était la ville la plus importante de ses Etats.

Le comte réussit dans son entreprise. L'architecte qu'il avait choisi, maître Jehan Hosson, produisit une merveille.

La croisée particulièrement passait pour la plus belle de l'Europe. Jean Molinet disait dans ses Chroniques que pour avoir une église parfaite il faudrait la nef de Notre-Dame d'Arras, le chœur de Notre-Dame de Cambrai et son embellissement d'épitaphes, la croisée de Notre-Dame de Valenciennes et le clocher de Notre-Dame d'Anvers.

Bauduin donna cette église à l'abbaye d'Hasnon, que son père avait rétablie, et à laquelle il conféra en même temps le droit de moyenne et basse justice sur la seigneurie du Neuf-Bourg.

En 1202, un des abbés d'Hasnon, Dom Maynier, érigea en ce lieu une prévôté, dite *de Notre-Dame-la-Grande*, qui fut supprimée au commencement du XVI° siècle, sous la prélature de Dom Etienne du Plouich.

En 1762, les chanoinesses de Denain, qui brûlaient du désir de se fixer à Valenciennes, achetèrent de l'abbaye d'Hasnon l'église et ses dépendances ; mais elles avaient mal calculé leurs ressources. Hors d'état de pourvoir à l'entretien du monument, elles durent bientôt se résoudre à résilier ce marché et consentir à la réintégration des religieux dans leur propriété.

Notre-Dame-la-Grande était l'église métropolitaine de la ville ; c'est là que se célébraient toutes les cérémonies officielles, que s'organisaient les processions générales, etc., etc.

Elle s'élevait entre les n°° 119 et 131 de la rue de Paris, mais l'abside se prolongeait vers la rue Capron.

Le portail faisait face à la rue Notre-Dame (n°° 58 et 60); les dépendances s'étendaient jusqu'au canal des Viviers, et comprenaient l'hôtel actuel de la sous-préfecture.

Le 6 prairial an VI (25 mai 1798), le monument fut vendu au sieur Alexandre Perrin, avec autorisation de démolir. Hécart nous apprend que bien longtemps avant la Révolution, les moines avaient cessé de faire à cet immense vaisseau les travaux que son état nécessitait. Lors du rétablissement du culte, il ne fut pas jugé susceptible d'être restauré ; eut-il été encore dans l'état où les moines l'avaient laissé, la ville n'aurait pu se charger de sa conservation, ses revenus ne lui auraient pas permis de subvenir aux réparations, qui coûtaient, assure-t-on, six mille francs au moins annuellement.

On a vu ci-dessus que le Saint-Cordon avait été recueilli et déposé dans une châsse. Cette châsse était en bois doré, enrichie d'ornements en argent. On ménagea pour elle, au-dessus du maître-autel de Notre-Dame-la-Grande, une niche décorée de grandes figures en bois représentant la céleste apparition de l'an 1008. Elles existaient encore, bien que fort détériorées, quand vint la Révolution ; mais un grand tableau les cachait aux regards. Depuis 1755 le reliquaire était conservé dans la chapelle terminale, derrière le chœur.

La châsse primitive subsista jusqu'en 1392. Le 8 septembre de cette année, Dom Nicaise Horrion, abbé d'Hasnon, transféra dans un coffre plus riche le vénéré cordon auquel il ajouta d'autres reliques, prov nant pour la plupart de seigneurs croisés, compagnons de l'Empereur Bauduin.

En 1531, nouvelle translation opérée par les soins de l'abbé Dom Jean Théry.

Dans la journée du 14 août 1656 où, répondant aux persé-cutions par des outrages, les protestants se ruèrent en fureur sur les temples de la religion qu'ils combattaient, en sa qualité de métropole, Notre-Dame-la-Grande eut à souffrir plus que les autres églises de la rage de ces nouveaux iconoclastes. Rien ne fut conservé des richesses accumulées dans cette enceinte. On vit alors, pêle-mêle avec des statues de saints mutilées et des débris de vases sacrés, des châsses d'un travail précieux brisées à coups de marteau et les reliques qu'elles contenaient traînées dans la poussière avec toutes sortes d'immondices.

La châsse du Saint-Cordon reçut les premières et les plus rudes atteintes. On raconte qu'après le départ des profanateurs des mains pieuses s'occupèrent d'en rassembler les fragments qui furent déposés dans une salle de la maison échevinale. L'année suivante, après la réduction des rebelles, le Magistrat confia à d'habiles ouvriers le soin de faire disparaître toute trace des dégradations subies par le reliquaire et, quelques jours avant l'époque ordinaire de la procession, les reliques « solen-nellement authentiquées » furent remises en leur ancienne place et confiées de nouveau à la garde des Royés.

Ce phylactère était un admirable morceau d'orfèvrerie dû à un artiste valenciennois de grande réputation, Jérome de Moyen-neville. Sa forme reproduisait celle de l'église même, telle que la montre l'*Histoire ecclésiastique*, et ses ornements représen-taient toute l'histoire du miracle.

Outre le Saint-Cordon il s'y trouvait, entre autres reliques « une pièce du suaire dans lequel fut ensevely le sacré corps de nostre Sauveur dépendu de la croix ; comme aussi de notables parties du voile, des habits et du suaire de la glorieuse Vierge Marie. Item des os des glorieux apôtres sainct Thomas et sainct Barthélémy, de saincte Marthe, saincte Barbe, saincte Marguerite et autres. » (P. D'Oultreman.)

Les vers suivants étaient gravés sur les parois :

> En l'an mil et huict en septembre,
> Fut faict, ainsi que m'en remembre,
> D'un hermite incitation
> Qu'on fist une procession
> Le jour de la Nativité
> De la mère de Vérité.
> Pour ce qu'alors la pestilence
> Régnoit en très grande affluence
> En Valentiennes, bonne ville,
> (Laquelle estoit chose très-vile)
> Pour l'ire de Dieu appaiser
> Et pour sa mère auctorizer.
> Des confrères s'y sont trouvez,
> Vingt et six par fraternité,
> A tousjours, sans eux desroyez,
> Confrères nommés des Royez.

En 1712, l'illustre Fénélon, qui venait d'assister à la procession du Saint-Cordon, voulut voir l'intérieur du reliquaire. On l'ouvrit devant lui. Le coffre était plein de procès-verbaux et d'attestations diverses sous lesquels se trouvait une boîte scellée contenant le cordon. Là s'arrêta la curiosité de l'archevêque ; il défendit de l'ouvrir dans la crainte que plus tard on ne pût s'autoriser de son exemple pour profaner impunément la relique. Peut-être aussi redoutait-il de ne pas trouver ce qu'il cherchait.

La révolution fit disparaître la châsse pour toujours. Ce qu'elle devint, on l'ignore ; mais une tradition, sur laquelle il serait facile de s'édifier, prétend que plusieurs fragments en sont incrustés dans le piétement de la statue que l'on porte aujourd'hui en procession.

Il convient maintenant de consacrer quelques pages, à titre de souvenir, à la vieille église de Notre-Dame, dont les murs délabrés et teintés de vert par l'humidité, le pavé raboteux composé au hasard de briques et de pierres, l'unique rang de fenêtres mal closes, ont si longtemps attristé les regards des paroissiens.

Là s'élevait autrefois une de ces *maisons fortes* de la féodalité valenciennoise auxquelles était attaché un droit d'asile et de franchise. Elle appartenait à la puissante famille des Bernier. Jehan Bernier y donna aux princes et seigneurs rassemblés à Valenciennes pour aller porter secours au comte de Flandre Louis de Nevers, dans la guerre qu'il soutenait contre le duc de Brabant, un repas célèbre dont peu de chroniqueurs ont négligé de transcrire les merveilleux détails.

Ce *souper magnifique et royal* eut lieu en 1333, si nous en croyons S. Leboucq et D'Oultreman, en 1334 suivant une chronique particulière publiée dans la collection Buchon. Vrai festin de Balthasar, il précéda de bien peu la ruine des Bernier. Accusés de dilapidation par le comte de Hainaut Guillaume II, ils se retirèrent, les uns du-près comte de Flandre, les autres à la cour du roi de France, Philippe de Valois. En vain furent-ils rappelés par leur maître revenu à des sentiments moins hostiles, le prestige de leur nom ne devait pas renaître. On vit plus tard une pauvre villageoise vendre littéralement pour un morceau de pain les titres des propriétés de cette famille dont elle était le dernier rejeton.

En 1430, les confrères de Saint-Jacques, secondant les projets charitables d'un chanoine d'Antoing, renommé pour son éloquence et sa piété, Gérard de Perfontaine, achetèrent l'hôtel des Bernier, devenu la propriété d'un Pierard du Fautrier, dans l'intention d'y construire un hôpital, ou comme on disait alors une *Maison-Dieu*.

Une plaque de bronze d'un excellent travail, dont l'inscription rappelle les faits relatifs à cette fondation, est encore conservée dans la salle des délibérations de la commission des Hospices. Voici dans toute sa naïveté cet échantillon du style lapidaire au XV⁰ siècle :

Ceste maison Dieu fu fondée l'an de nred [1]
M IIII^c et XXXII par le pourcach de feu vénérable
maistre Gerard de Pfontaines chanone d'Antoing
en son teps [2] excellent artiste et vrai théologien
liql [3] se exposa jusques enfin p gras [4] labeùrs aqrir [5]
l'oneur et glore de Dieu et sa foy augmenter par
saintes prédications monstras [6] la voie de salut
a touttes créatures et pour [7] secourir à nos povres
freres crestyens en daraine nécessité fu fais
ce dit lieu et pourveus de soers ppices [8] au svice [9]
d'iceuls. Avoec che y aquist plains pdons [10] à tous
cotris et cofes [11] finans audit lieu pour lesqls [12]
obtenir il meismes veult en sa daraine maladie
en ycelle estre administré et le jour Nre Dame
de la cadeler [13] en pfaite [14] foi et grande devocion
y rendi son esprit à Dieu et fut ensepvelis au coer
des chartrous empriés ceste bonne ville de
Vallenchiennes en l'an de nred M IIII^c et XLIII
le III jo [15] dou mois de febvrier. Priies pour same.

A cette époque, on le sait, la chartreuse de Valenciennes
était située à Marly, au lieu dit *Ma Court*, près du chemin
d'Aulnoy ; une petite fontaine qui coule aux environs a retenu
le nom des Chartreux. Ces religieux ne se logèrent en ville

1 Notre Rédemption.
2 Temps.
3 Lequel.
4 Grands.
5 Acquérir.
6 Montrant.
7 Pour.
8 Sœurs propices.
9 Service.
10 Pardons.
11 Contrits et confessés.
12 Lesquels.
13 Chandeleur.
14 Parfaite.
15 Jour,

qu'en 1566, après la destruction de leur cloître par les huguenots.

La Révolution confondit sous une seule administration les biens des divers établissements charitables de la ville. Lorsque le Concordat eut rendu son libre exercice au culte, on réunit les salles de l'Hôtel-Dieu à la chapelle pour en former une apparence d'église où s'installa provisoirement, tant bien que mal, le clergé de la paroisse orientale de la ville qui prit le nom de Notre-Dame.

Ce provisoire a duré plus de soixante ans.

A l'extérieur, cet édifice, qui ne tardera pas sans doute à tomber sous la pioche des démolisseurs, n'a subi aucun changement; nous le voyons encore tel qu'il est dessiné dans l'*Histoire ecclésiastique*. Le porche, en bois recouvert d'ardoises, est un assez curieux spécimen de l'architecture du XVe siècle.

A l'intérieur on chercherait en vain quelque motif d'ornementation; mais qui pourrait blâmer l'incurie des administrateurs en considérant quelle eût été la difficulté de donner un aspect à peu près convenable à ces longues murailles sur lesquelles ne se dessine aucune saillie? On aurait lieu de regretter aujourd'hui l'argent dépensé pour cet objet.

Les seules œuvres d'art qui méritent une mention sont la chaire, sculptée par Gilis (XVIIIe siècle) et les orgues dont la balustrade est l'œuvre d'un ornemaniste valenciennois, Guillaume-Joseph Minet. Ces deux morceaux viennent d'être achetés pour l'église de la commune de Raismes.

I.

Voici la liste des travaux les plus importants de M. Grigny :

ARRAS. — Chapelle du Saint-Sacrement et son autel (style du XVe siècle). — Eglise de Saint-Géry (XIIIe siècle). — Chapelle des Dames de Saint-Charles (XIIIe siècle). — Id. du Bon-Pasteur (XIIIe siècle). — La Sainte-Chandelle.

DOUAI. — Dôme du chœur de Saint-Jacques (XVIIe siècle).

BAPAUME. — Chapelle de l'Hospice (XIIIe siècle).

GENÈVE (Suisse). — Eglise de Notre-Dame et ses autels (XIIIe siècle).

Eglises de Fourmies, Hiergnies, Mazinghien, Masnière, Trieulvillers, Crévecœur (département du Nord).

Eglises de Mazingarbe, Ourton, Favreuil, Gaudiempré, Pommera, Lumbres, Oisy-le-Verger, Oignies, Vendin-lez-Bethune, Gouy-sous-Bellone, Saint-Venant, Coulognes, Saulchy-Cauchy; clocher de Beaumont (département du Pas-de-Calais).

J

Ces décorations étaient de MM. Meurice, père et fils.

K

Voici le discours de M. Besson :

« Monseigneur et Messieurs,

» Si entre les arts qui se proposent d'unir, dans de savantes proportions, le beau avec l'utile, l'architecture tient le premier rang; si elle est la forme la plus complexe et la plus puissante que le génie artistique puisse donner à ses conceptions, l'architecture se recommande aussi, en ce qu'elle est l'expression la plus grandiose des besoins, des sentimens, de la vie morale d'un peuple et d'une époque.

» Les époques se succèdent, les peuples passent; les monuments restent et, jusque dans leurs derniers débris, fatiguant les efforts du temps, ils attestent la pensée qui présida jadis à leur érection.

» Quels plus admirables témoins de la foi de nos pères, de la puissante discipline des esprits, au moyen-âge, et de la sainteté de l'art, que ces poèmes de pierre, de marbre et d'or, que ces cathédrales gothiques, en qui le génie du moyen-âge se personnifie tout entier !

» En face de cette naïve et forte époque, où florissaient l'autorité et les croyances, et qui, du haut de ses monuments religieux, parle encore aux générations nouvelles des grandes choses du ciel et de l'avenir, il importe que, nous aussi, nous puissions prouver à ceux qui viendront après nous que nous comprenons la mission de l'homme et les devoirs religieux de la société.

» Élevons des monuments à la science, à la bravoure, à l'industrie : qu'au sein de la patrie reconnaissante, les hommes, grands par le génie qu'il ont reçu et surtout par l'usage qu'ils en ont fait, revivent pour ainsi dire dans leurs statues. Mais qu'au-dessus de tout ce qui est intérêt humain, grandisse et plane le sentiment religieux, comme au-dessus des cités les plus monumentales s'élèvent la flèche aérienne et le dôme imposant, pour porter jusqu'au ciel le magnifique témoignage de notre foi !

» Félicitez-vous donc, Valenciennois, d'avoir conçu le projet d'une œuvre sainte et populaire, la fondation de l'église de Notre-Dame du Saint-Cordon, de Valenciennes. Ce sera votre œuvre à tous ; par vos souscriptions, par vos efforts unis et persévérants, vous verrez l'édifice naître et grandir sous vos yeux. La religion bénit la première assise de l'édifice et vous savez quel auguste caractère de sainteté et de durée la religion imprime à tout ce qu'elle touche!

» Si les malheurs du temps et les horreurs de la guerre ont détruit vos églises, que vos églises sortent de leurs ruines, aujourd'hui qu'une ère de réparation et de régénération vient de s'ouvrir par le dévouement sauveur du Prince Louis-Napoléon. Il a voulu signaler les commencements de son immense entreprise en restituant au culte un de ses plus beaux monuments. Cette pensée, si vite comprise, si universellement applaudie, vous garantit, Messieurs, l'intérêt que portera le Prince à l'accomplissement de vos travaux.

» Pour moi, Messieurs, en qui cette cérémonie solennelle laissera de profonds et chers souvenirs, je serai heureux d'entretenir le chef de l'Etat de vos besoins, de vos espérances. On vous avait promis, en 93, de vous dédommager de vos pertes héroïques : l'Empereur vous visita, en 1810, et vous attendîtes les effets généreux de sa bienveillante protection ; — les destins de la guerre y mirent, seuls, obstacle. — Maintenant, l'heure est venue d'espérer fortement dans le neveu, dans le successeur de l'Empereur, dans le continuateur pacifique de ses vastes pensées.

» Et vous, Monseigneur, qui entourez votre diocèse d'une sollicitude si paternelle, dont la voix est partout écoutée, respectée et honorée, vous qui venez de semer, dans cette terre catholique un grain mystérieux qui doit lever dans l'avenir, vous aiderez puissamment au succès de nos démarches, afin que l'église Notre-Dame, de Valenciennes, puisse rappeler un jour qu'elle fut, dès ses commencements, une œuvre d'union religieuse, populaire et nationale ; une œuvre également chère au catholicisme et à l'Etat. »

L

La veille l'archevêque avait suivi la procession du Saint-Cordon. C'était la première fois qu'un prélat de ce rang figurait dans le cortège, depuis le 8 septembre 1712, époque à laquelle Fénelon avait honoré de sa présence cette fête religieuse.

M

On ignore sur quoi se fonde la tradition qui fait de saint Gilles le patron de Valenciennes. Ce n'est que vers le XIIe siècle que l'on voit ce bienheureux vénéré en cette qualité ; jusqu'alors la ville n'avait reconnu pour sa protectrice que la vierge Marie. Peut-être l'attribution de ce patronage est-elle simplement le résultat d'un quiproquo, provenant de ce que, la veille de la fête de saint Gilles qui arrive le 1er septembre, on sonnait depuis midi jusqu'à une heure, c'est Hécart qui le rapporte, la grosse cloche de Notre-Dame-la-Grande. Cela se faisait en commémoration de ce qu'à pareil jour de l'an 1008, l'ermite avait annoncé aux habitants de cette ville qu'il fallait prier et jeûner afin d'obtenir par l'intercession de la Sainte-Vierge, la délivrance du fléau qui désolait le pays. Cette sonnerie s'appelait le *long-coup*. Avec le temps on aura fini par appliquer à saint Gilles ces honneurs qui ne lui étaient pas primitivement destinés.

FIN.

TABLE DES MATIÈRES

Valenciennes. — Imp. Louis HENRY

9 782013 263351